INSTRUCTION

DU 30 JUILLET 1901

CONCERNANT :

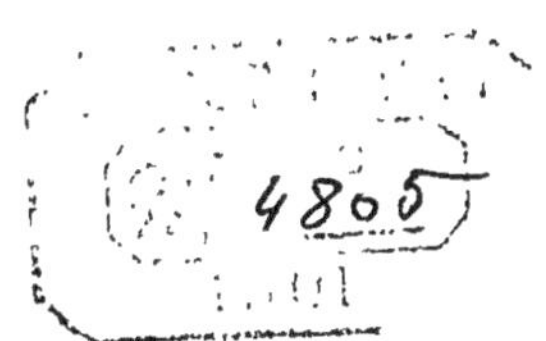

1° les examens bisannuels des officiers-interprètes de 1re, de 2e et de 3e classes et des interprètes stagiaires ; 2° les examens d'admission au grade d'interprète stagiaire.

I. — EXAMENS BISANNUELS.

Les examens revisionnels auxquels sont astreints, tous les deux ans, les officiers interprètes de 1re, de 2e et de 3e classes et les interprètes stagiaires, conformément aux dispositions de l'article 15 du décret du 13 juin 1901, comportent des épreuves écrites et des épreuves orales, dont le programme est arrêté par le Ministre.

ÉPREUVES ÉCRITES.

Les épreuves écrites sont les suivantes :

1° Traduction en arabe d'une pièce de service manuscrite (lettre, arrêté, proclamation, etc.), ou d'un extrait d'un ouvrage français dont la dificulté est graduée d'après la classe ;

2° Traduction en français d'une pièce de service manuscrite (lettre, acte, traité, etc.), ou d'un texte choisi, selon la classe, dans la liste des ouvrages indiqués au pragramme annexé à la présente instruction ;

3° Une composition française (1) sur un sujet choisi dans le programme d'instruction générale et dont la difficulté est graduée d'après la classe.

Quatre heures sont accordées pour l'exécution de chacune de ces trois épreuves.

L'usage du dictionnaire est facultatif pour les deux premières épreuves (traductions) ; pour la troisième épreuve (composition française), l'usage de toute espèce de document est interdit.

---

(1) Dans la correction des épreuves comportant l'application de l'orthographe, il sera tenu compte des dispositions de l'arrêté de M. le Ministre de l'instruction publique, en date du 26 février 1901.

1

ÉPREUVES ORALES.

Les épreuves orales se composent des exercices suivants :

1° Lecture grammaticale et traduction à vue d'un texte arabe imprimé ou manuscrit, choisi dans la liste d'auteurs insérée au programme.

Interrogations sur l'ensemble de l'ouvrage. Exercices de grammaire, exercices de métrique, si le grade le comporte ;

2° Lecture et traduction d'une pièce manuscrite arabe (lettre, rapport, proclamation, traité, etc.), dont la difficulté est graduée d'après la classe ;

3° Exercice de conversation avec un indigène.

Les épreuves écrites et orales sont notées de 0 à 20.

Il est attribué une note pour chacune des compositions écrites et pour chacune des épreuves orales.

Ne pourront être proposés pour l'avancement au choix que les officiers interprètes de 2ᵉ classe et les officiers interprètes de 1ʳᵉ classe qui auront obtenu un minimum *de* 10 *points* pour chaque épreuve et la moyenne de 13 *points* sur l'ensemble de l'examen.

Le Ministre se réserve de prendre les mesures qu'il jugera convenable à l'égard des officiers interprètes et des interprètes stagiaires dont l'examen ferait reconnaître l'insuffisance.

Toute tentative de fraude pendant le cours des examens entraînera l'application de peines disciplinaires.

II. — EXAMENS D'ADMISSION.

Aux termes de l'article 2 de la loi du 18 février 1901, sont admis à concourir pour le grade d'interprète stagiaire les jeunes gens qui satisfont aux conditions suivantes :

1° Etre Français, sujet français ou sujet tunisien ;

2° Justifier d'une moralité irréprochable. Ces jeunes gens devront, en outre, être âgés de 18 ans révolus à l'époque fixée pour le commencement du concours et posséder les aptitudes physiques nécessaires au service militaire.

Ils devront adresser leur demande d'admission au concours à M. le général commandant le 19ᵉ corps d'armée, chargé de centraliser ces demandes.

A chaque demande devront être joints :

1° Un extrait de l'acte de naissance du candidat ;

2° Un certificat de moralité, délivré par le maire de la résidence ;

3° Un état signalétique et des services militaires (s'il y a lieu).

D'après les renseignements recueillis sur la conduite, la moralité et les antécédents des candidats, le général commandant le 19ᵉ corps d'armée statue sur leur admission au concours.

Les examens auront lieu suivant les besoins du service, et, autant que possible, en même temps que les examens bisannuels prévus par l'article 15 du décret du 13 juin 1901.

Ils comprendront les épreuves écrites et les épreuves orales suivantes, dont le programme est arrêté par le Ministre, savoir :

ÉPREUVES ÉCRITES.

1° Traduction en arabe d'une pièce de service (lettre, arrêté, proclamation, etc.), ou d'un extrait d'un ouvrage français (durée : 4 heures) ;

2° Traduction en français d'une pièce de service manuscrite (lettre, acte, traité, etc.), ou d'un texte choisi dans la liste des ouvrages insérée au programme (durée : 4 heures).

Pour chacune de ces deux compositions, l'usage du dictionnaire est facultatif ;

3° Composition française (1) sur un sujet choisi dans le programme d'instruction générale (durée : 4 heures).

4° Une dictée (1) (durée : 1 heure) ;

5° Problème d'arithmétique (durée : 1 heure 1/2) ;

6° Questions de géométrie et de topographie (durée : 2 heures).

Ces quatre dernières épreuves doivent être exécutées sans le secours d'aucun livre ou document quelconque.

Toute tentative de fraude entraînera l'exclusion immédiate du candidat qui s'en rendra coupable.

Les compositions écrites sont corrigées par les membres de la commission d'examens et donnent lieu à une première élimination.

Seront éliminés de plein droit les candidats qui n'auront pas obtenu les notes minima ci-après indiquées :

Notes moyennes pour l'ensemble des compositions écrites : 13 ;
Note d'instruction professionnelle : 13 ;
Note de dictée : 6 ;
Note de composition française : 6.

ÉPREUVES ORALES.

Langue arabe.

1° Lecture grammaticale et traduction à vue d'un texte arabe imprimé ou manuscrit, choisi dans la liste d'auteurs énumérée au programme ci-annexé. Interrogations sur l'ensemble de l'ouvrage, exercices de grammaire ;

---

(1) Dans la correction des épreuves comportant l'application de l'orthographe, il sera tenu compte des dispositions de l'arrêté de M. le Ministre de l'instruction publique, en date du 26 février 1901.

2º Lecture et traduction d'une pièce manuscrite arabe (lettre, rapport, proclamation, traité, etc.);

3º Exercice de conversation avec un indigène.

INSTRUCTION GÉNÉRALE.

4º Géographie : Afrique; géographie générale et France;

5º Histoire : Afrique septentrionale, France;

6º Arithmétique;

7º Géométrie et topographie.

Dans chacune des parties du programme d'instruction générale, les matières sont classées en séries, chaque série renfermant elle-même vingt-cinq questions.

Le numéro tiré au sort par le candidat indique la question à laquelle il aura à répondre dans chacune des séries du programme.

Les interrogations sur l'instruction générale dureront au moins une heure pour chaque candidat.

Chacune des épreuves écrites et orales est appréciée par une note comprise entre 0 et 20.

Les coefficients attribués à chacune des épreuves sont les suivants :

Instruction générale.	Épreuves écrites.	Épreuves orales.
Dictée	4	»
Composition française	10	»
Arithmétique	3	2
Géométrie et topographie	3	2
Histoire	»	8
Géographie	»	8

Instruction professionnelle.		
Traduction en arabe d'un texte français	15	»
Traduction en français d'un texte arabe	10	»
Interrogation grammaticale et traduction d'un texte littéraire arabe	»	10
Lecture et traduction d'une pièce manuscrite arabe	»	8
Exercices de conversation avec un indigène	»	5
Équitation	»	2
	45	45
		90

Pour le classement définitif des candidats, la note de conduite, de moralité et d'aptitude générale recevra le coefficient	10
TOTAL des coefficients	100

La commission chargée de procéder aux examens bisannuels et aux examens d'admission dans le corps des interprètes militaires opère successivement à Alger, à Oran, à Constantine et à Tunis.

Elle se compose ainsi qu'il suit :

Le chef d'état-major du 19ᵉ corps d'armée, *Président ;*

Un capitaine de l'état-major du 19ᵉ corps d'armée et un officier interprète principal, membres, pour tous les centres d'examen.

A ces membres seront adjoints pour chaque centre d'examen :

Un officier interprète principal et le chef (ou, à défaut, l'officier faisant fonctions de chef) de la section des affaires indigènes de la division où se passe l'examen.

A la suite des examens, la commission adresse au Ministre, par la voie hiérarchique, les procès-verbaux de ses séances, les résultats des examens bisannuels (état distinct pour chaque grade d'officier interprète et pour les interprètes stagiaires), les résultats des examens d'admission avec les dossiers des candidats reconnus admissibles à la suite des différentes épreuves.

Ces dossiers devront comprendre pour chaque candidat :

1º La demande de l'intéressé et les pièces y annexées ;

2º Un rapport établi par l'autorité militaire territoriale et contenant tous les renseignements utiles sur les antécédents, la moralité et la situation sociale du candidat ;

3º Les épreuves écrites.

Le Ministre arrête la liste des candidats admis définitivement.

PROGRAMME

des examens bisannuels des officiers-interprètes
de 1re, de 2e et de 3e classes et des interprètes
stagiaires; 2° les examens d'admission au grade
d'interprète stagiaire.

(30 JUILLET 1901)

I. — INSTRUCTION PROFESSIONNELLE.

GRAMMAIRE ARABE.

Exercices pour les officiers interprètes, les interprètes stagiaires et les candidats.

Étude méthodique des différentes parties du discours. — Exercices sur la conjugaison et la déclinaison. — Syntaxe (la difficulté des interrogations croissant avec le grade).

Le Coran. — Exercices d'analyse grammaticale et d'analyse logique.

Exercices pour les officiers interprètes de 1re, de 2e et de 3e classes seulement.

Prosodie et métrique.

Scansion. — Pieds primitifs et leurs altérations. — Rime. — Etude des seize mètres réguliers; genres et espèces.

Détermination du mètre d'un vers.

Les mesures irrégulières (mètres créés par les Mouelled).

Les sept arts.

LISTE

des ouvrages dans lesquels seront choisis les textes à traduire par écrit et les sujets d'interrogations orales.

Candidats au grade d'interprète stagiaire.

Mohammed ben Daoud es Sanhadjy, *la Djarroumyya* (avec le commentaire du cheykh Khâled el Azehary);
Les Mille et une nuits ;
Ebn Batouta, *Voyages;*
Ahmed Zeky, *Es sefer ilà-l-mootemer* (Voyage dans l'Europe occidentale à l'occasion du congrès des orientalistes tenu à Londres en 1892).

Interprètes stagiaires.

El Haryry, *Molehat el ierâb* (avec le commentaire de l'auteur) ;
El Abechyhy, *Le Mostetref;*
Bidpay, *Kalylat* et *Dimna* (fables);
Mohamed es Senoussy, *Voyage à Paris ;*
Ed. Dahlanyya (biographie du Prophète) ;
Ebn Malek, *l'Alfyya* (avec le commentaire d'El Makoudy);
Presse arabe de l'Orient ;
El Hamadâny, *Séances.*

Officiers interprètes de 3e classe.

Ed Derdyry, *Commentaire de Sydy Khelyl ;*
El Messaoudy, *Les prairies d'or ;*
El Merrakechy, *Histoire des Almohades ;*
El Fath ben Khagan, *Les colliers d'or.*

Officiers interprètes de 2e classe.

El Haryry, *Séances ;*
Les Pouvoirs souverains ;
El Boussyry, *La Borda;*
La Hamassa.

Officiers interprètes de 1re classe.

Les Moallagât ;
Les deux Djelal-ed-dine;
Exégèse du Coran;
El Badjoury, *Glose sur la Métaphysique d'Es Senoussy ; Les quatre rites orthodoxes.*

II. — INSTRUCTION GÉNÉRALE.

1° Géographie de l'Afrique.

1re SÉRIE.

L'AFRIQUE (MOINS L'ALGÉRIE ET LA TUNISIE).

1re *Question*. — Le continent d'Afrique ; situation géographique, mers, golfes, détroits, caps.

2e *Question*. — Orographie de l'Afrique.

3e *Question*. — Hydrographie de l'Afrique, fleuves et lacs.

4e *Question*. — Climats; population; races étrangères ; religions de l'Afrique.

5° *Question*. — Iles de l'Afrique (nomenclature).

6e *Question*. — Possessions européennes en Afrique. — Zones d'influence.

7e *Question*. — Egypte et Nubie. — Le Nil ; le canal de Suez.

8e *Question*. — Tripolitaine et pays de Barca.

9° *Question*. — Maroc, géographie physique.

10e *Question*. — Maroc, géographie politique.

11e *Question*. — Sahara en dehors des limites algériennes; constitution, population.

12e *Question*. — Grandes routes commerciales du Sahara.

13e *Question*. — Colonie française du Sénégal.

14e *Question*. — Soudan français.

15e *Question*. — Soudan indépendant.

16e *Question*. — Archipels africains du nord-ouest.

17e *Question*. — Possessions européennes et Etats indépendants de la côte occidentale d'Afrique entre la Gambie et le cap des Palmes.

18e *Question*. — Possessions européennes et Etats indépendants de la côte de Guinée, du cap des Palmes à l'embouchure du Niger. Iles du golfe de Guinée.

19e *Question*. — Possessions européennes de la côte occidentale d'Afrique, depuis l'embouchure du Niger jusqu'à l'embouchure du fleuve Orange.

20e *Question*. — Colonies du Cap et dépendances. — Etats indépendants de l'Afrique australe.

21e *Question*. — Possessions européennes et Etats indépendants de la côte orientale, depuis la baie de Delagoa jusqu'au cap Guardafui.

22e *Question.* — Iles africaines de l'océan Indien.

23e *Question.* — Possessions européennes et Etats indépendants du golfe d'Aden et de la mer Rouge.

24e *Question.* — Principaux explorateurs de l'Afrique septentrionale.

25e *Question.* — Principaux explorateurs de l'Afrique australe et de l'Afrique centrale. — Progrès de la géographie africaine.

2e SÉRIE.

GÉOGRAPHIE DE L'ALGÉRIE ET DE LA TUNISIE.

1re *Question.* — Grandes régions physiques de l'Algérie et de la Tunisie. — Orographie.

2e *Question.* — Principaux cours d'eau de l'Algérie et de la Tunisie.

3e *Question.* — Côtes de l'Algérie.

4e *Question.* — Côtes de la Tunisie.

5e *Question.* — Caractères généraux et limites du Tell algérien et du Tell tunisien ; leurs subdivisions naturelles en allant de l'ouest à l'est.

6e *Question.* — Caractères généraux des Hauts-Plateaux ; leurs subdivisions naturelles en allant de l'ouest à l'est, chotts, sebkhas.

7e *Question.* — Caractères généraux du Sahara algérien et du Sahara tunisien.
Principaux groupes d'oasis, chotts sahariens.

8e *Question.* — Villes principales de la province d'Oran ; leur importance relative.

9e *Question.* — Villes principales de la province d'Alger ; leur importance relative.

10e *Question.* — Villes principales de la province de Constantine ; leur importance relative.

11e *Question.* — Villes principales de la Tunisie ; leur importance relative.

12e *Question.* — Chemins de fer et voies de communication de la province d'Oran et de la province d'Alger.

13e *Question.* — Chemins de fer et voies de communication de la province de Constantine et de la Tunisie.

14e *Question.* — Expansion algérienne vers le sud. — Routes de pénétration.

15e *Question.* — Population et races de l'Algérie et de la Tunisie ; répartition.

16e *Question.* — Principales tribus et confédérations de tribus du territoire du commandement en Algérie.

17º *Question*. — Organisation politique et administrative de l'Algérie. — Gouvernement général; services centraux.

18º *Question*. — Fonctionnement de l'organisation administrative en territoire civil.

19º *Question*. — Divisions administratives du territoire civil.

20º *Question*. — Fonctionnement de l'organisation administrative en territoire de commandement.

21º *Question*. — Divisions administratives du territoire de commandement.

22º *Question*. — Organisation militaire et maritime du territoire algérien.

23º *Question*. — Organisation judiciaire en Algérie. — Justice française et justice musulmane.

24º *Question*. — Organisation financière de l'Algérie. — Impôts arabes.

25º *Question*. — Organisation politique, administrative et judiciaire de la Tunisie.

2º Géographie générale et géographie e la France.

1ʳᵉ SÉRIE.

GÉOGRAPHIE GÉNÉRALE (MOINS L'AFRIQUE ET LA FRANCE).

1ʳᵉ *Question*. — Généralités sur la sphère terrestre : pôles, équateur, tropiques, cercles polaires, zones, méridiens, longitudes, latitudes, etc.

2º *Question*. — Définitions géographiques, mers et continents, golfes, détroits, caps, îles, presqu'îles, isthmes, fleuves, rivières, affluents, confluents, lignes de partage des eaux, lignes de thalweg, versants, bassins, etc.

3º *Question*. — Population du globe, grandes races, grandes religions, leur répartition sur la surface terrestre.

4º *Question*. — Généralités sur l'Europe : limites, mers, îles et presqu'îles.

5º *Question*. — Orographie de l'Europe : ligne de partage des eaux, grands versants.
Principaux massifs en dehors de la ligne de partage, leur importance relative.

6º *Question*. — Hydrographie de l'Europe : grands cours d'eau, leur importance relative.
Principaux lacs.

7º *Question*. — Populations, races et religions de l'Europe, leur répartition et leur importance relative.

8º *Question*. — Iles britanniques : grandes divisions, mers, cours d'eau, villes principales, côtes et principaux ports de commerce, gouvernement, colonies.

9ᵉ *Question*. — Belgique : limites, mers, cours d'eau, villes principales, gouvernement.

Hollande : limites, mers, cours d'eau, villes principales, gouvernement, colonies.

10ᵉ *Question*.— Empire d'Allemagne : limites, mers, montagnes, cours d'eau, villes principales.

11ᵉ *Question*. — Empire d'Allemagne : organisation politique, principaux Etats, colonies.

Suisse, limites, montagnes, cours d'eau, grands lacs, villes principales, gouvernement, races.

12ᶜ *Question*. — Autriche-Hongrie : limites, montagnes, cours d'eau, provinces, villes principales, races, gouvernement.

13ᵉ *Question*. — Italie : limites, montagnes, cours d'eau, côtes, îles, grandes divisions, villes principales, gouvernement, colonies.

14ᵉ *Question*. — Espagne : limites, montagnes, cours d'eau, côtes, îles, grandes divisions politiques, villes principales, gouvernement, colonies.

Portugal : limites, cours d'eau, villes principales, gouvernement, colonies.

15ᶜ *Question*. — Presqu'île des Balkans : géographie physique, divisions politiques, grandes villes, importance relative des différents Etats, races et religions.

16ᵉ *Question*. — Russie : limites, mers, montagnes, cours d'eau, villes principales, gouvernement, races, religions ;
Possessions hors d'Europe.

17ᶜ *Question*. — Suède et Norvège : limites, mers, montagnes, grands lacs, villes principales, gouvernement.

Danemark : partie continentale et partie insulaire, mers et détroits, îles, villes principales, gouvernement.

18ᶜ *Question*. — Asie physique : mers, îles, presqu'îles, montagnes, fleuves, mers intérieures.

19ᵉ *Question*. — Asie politique : Etats indépendants, capitales et villes principales, races et religions, importance relative.

20ᶜ *Question*. — Asie politique : possessions européennes, capitales et villes principales, races et religions, importance relative.

21ᵉ *Question*. — Océanie : grandes divisions, principaux archipels, possessions européennes, Australie, grandes villes.

22ᵉ *Question*. — Amérique physique : mers, îles, presqu'îles, montagnes, fleuves, lacs.

23ᵉ *Question*. — Amérique politique : Etats-Unis.

24ᵉ *Question*. — Amérique politique : Canada, Mexique, Amérique centrale, Antilles.

25e *Question.* — Amérique politique : Républiques sud-américaines.

2e SÉRIE.

GÉOGRAPHIE PHYSIQUE, POLITIQUE, ADMINISTRATIVE ET ÉCONOMIQUE DE LA FRANCE ET DE SES POSSESSIONS COLONIALES D'ASIE, D'AMÉRIQUE ET D'OCÉANIE.

1re *Question.* — Configuration et étendue de la France : mers, golfes, détroits, îles, presqu'îles, caps, côtes.

2e *Question.* — Constitution géologique du sol.
Système orographique, description générale des Alpes, du Jura, des Vosges, des Cévennes, du massif central, des Pyrénées, etc. Ligne de partage des eaux.

3e *Question.* — Régime des eaux : grands bassins, fleuves et rivières, lacs et étangs.

4e *Question.* — Frontières de la France : frontières défenses naturelles et artificielles. — Etats limitrophes, leur importance relative.

5e *Question.* — Anciennes provinces de la France : situation géographique, capitales.
Départements : organisation en 1790.
Modifications survenues depuis cette époque.

6e *Question.* — Bassin de la Seine : ceinture, cours du fleuve, affluents. — Départements et anciennes provinces compris dans le bassin. Villes principales.

7e *Question.* — Bassins de l'Escaut, de la Meuse et du Rhin (partie française). Principaux cours d'eau. Départements, anciennes provinces, villes principales.

8e *Question.* — Bassins côtiers de la Manche.
Principaux cours d'eau, départements, anciennes provinces, villes principales.

9e *Question.* — Côtes françaises de la Manche : caps, ports principaux, golfes, fleuves qui s'y jettent, îles.

10e *Question.* — Bassin de la Loire, ceinture, cours du fleuve, affluents. Départements, anciennes provinces, villes principales.

11e *Question.* — Bassin de la Garonne, ceinture, cours du fleuve. affluents. Départements, anciennes provinces, villes principales.

12e *Question.* — Bassins côtiers de l'océan Atlantique.
Principaux cours d'eau. Départements, anciennes provinces, villes principales.

13e *Question.* — Côtes françaises de l'Atlantique. Caps, golfes, ports principaux, fleuves, îles.

14e *Question.* — Bassin du Rhône : ceinture, cours du fleuve, affluents. Départements, anciennes provinces, villes principales.

15e *Question.* — Bassins côtiers de la Méditerranée : principaux cours d'eau. Départements, anciennes provinces, villes principales.

16° *Question*. — Côtes françaises de la Méditerranée : caps, golfes, fleuves, îles, ports principaux.

17e *Question*. — Population de la France : densité, mouvement de la population. Races, religions ; langues et nationalités françaises.

18e *Question*. — Organisation politique. Gouvernement. Lois constitutionnelles. Pouvoir législatif et pouvoir exécutif ; Chambre des députés, Sénat ; présidence de la République ; ministres finances ; budget ; dettes ; contributions ; relations extérieures.

19e *Question*. — Organisation administrative : départements, arrondissements, cantons, communes, conseils électifs.

20e *Question*. — Organisation militaire et maritime : corps d'armée, divisions, places fortes ; arrondissements maritimes ; ports de guerre.

21e *Question*. — Organisation judiciaire : justice de paix, tribunaux de première instance, cours d'appel, cour de cassation.
Instruction publique :
Universités, facultés, institut, cultes, archevêchés et évêchés, consistoires.

22e *Question*. — Agriculture : zones de culture, régions agricoles. Droits protecteurs. Productions : industrie, centres industriels, industries métallurgiques, chimiques, alimentaires, textiles, etc.

23e *Question*. — Commerce : voies de communication, routes, canaux, chemins de fer. Postes, télégraphes ; navigation fluviale, navigation maritime. Importations et exportations. Principaux centres et ports de commerce.

24e *Question*. — Colonies françaises d'Amérique et d'Océanie : Guyane, Antilles, Saint-Pierre et Miquelon, Nouvelle-Calédonie, Taïti, îles Marquises.
Situation géographique. Ressources, productions, administration.

25e *Question*. — Colonies françaises d'Asie.
Etablissements de l'Inde, Indo-Chine, Cochinchine, Tonkin, Annam, Cambodge. Situation géographique. Ressources, productions, administration, protectorats.

3° Histoire de l'Afrique septentrionale.

1re SÉRIE.
DE L'ORIGINE DE L'HISTOIRE A 1830.

1re *Question*. — Principaux faits de l'histoire de l'Afrique septentrionale avant la fondation de Carthage. Peuples qui se partageaient l'Afrique septentrionale à cette date. Didon. Agrandissements successifs de Carthage. Rivalité de Cyrène et de Carthage. Traité de délimitation entre les deux Etats.

Organisation politique et administrative de Carthage. Le suffète Malée. Les Carthaginois en Sicile et en Sardaigne, traité de paix avec les tyrans de Syracuse, Gélon et Denys. Premier traité de paix entre les Romains et les Carthaginois.

2ᵉ *Question*. — Première guerre punique. Alliance des Carthaginois avec les Syracusains. Prise d'Agrigente. Bataille de Myles. Bataille d'Ecnone. Débarquement des Romains en Afrique. Xantippe. Défaite et captivité de Régulus ; sa belle conduite, sa mort. Bataille de Drépane. Amilcar Barca en Sicile ; victoire des îles Ægates. Traité de paix et fin de la première guerre punique. Guerre des Mercenaires; ses causes, sa durée. Mathos et Spendius. Amilcar Barca passe en Espagne avec son fils Annibal. Traité imposé aux Carthaginois en Espagne. Fondation de Carthagène.

3ᵉ *Question*. — Deuxième guerre punique.

Siège et prise de Sagonte par Annibal.

Déclaration de guerre de Rome à Carthage. Passage des Alpes par Annibal. Défaite des Romains au Tessin et à la Trébie. Annibal passe les Apennins. Passage des marais de Clusium.

Bataille de Trasimène. Fabius Cunctator. Défaite des Romains à Cannes. Première bataille de Noles. Séjour d'Annibal à Capoue. Alliance avec Philippe de Macédoine. Deuxième et troisième bataille de Noles. Défaite des Carthaginois à Bénévent. Défaite de deux frères Scipion en Espagne. Prise de Capoue par les Romains. Cornélius Scipion en Espagne. Prise de Carthagène. Scipion débarque en Afrique à la tête d'une armée; Syphax et Massinissa; siège d'Utique ; défaite des Carthaginois ; passage d'Annibal en Afrique. Bataille de Zama. Traité de paix imposé par Scipion.

4ᵉ *Question*. — Troisième guerre punique. Causes de la troisième guerre punique. Scipion Emilien. Siège de Carthage; son héroïque défense ; prise et destruction de la ville. Constitution de la province d'Afrique. Etats qui se partageaient l'Afrique septentrionale après la fin de la troisième guerre punique.

5ᵉ *Question*. — La Numidie ; Micipsa ; Adherbal ; Hiempsal et Jugurtha. Ambassade du Sénat romain en Afrique pour rétablir Adherbal. Jugurtha et les envoyés romains. Guerre de Jugurtha contre les Romains ; ses succès ; ses revers ; il est trahi par Bocchus. Démembrement de la Numidie.

6ᵉ *Question*. — Expédition de César en Afrique. La Numidie est érigée en province romaine. Reconstruction de Carthage. Reconstitution de la Numidie en royaume au profit de Juba II ; fondation de Julia Cesarea.

Révolte de Tacfarinas; il est défait par Blésus et Dolabella. Introduction du christianisme en Afrique. Tertullien. Saint Cyprien. Séparation de l'empire romain en empire d'Orient et empire d'Occident.

7ᵉ *Question*. — Révolte du maure Firmus; défaite de ses alliés, victoires du comte Théodose. Mort de Firmus. Soumission des Maures. Les gouverneurs d'Afrique. Boniface appelle Genséric en Afrique. Les Vandales : leur origine; leur religion. Siège d'Hippône. Saint Augustin; sa mort pendant le siège. Traité de paix entre Genséric et Valentinien III, empereur d'Occident. Expédition de Genséric en Italie; pillage de Rome. Mort de Genséric. Règnes d'Huméric et de Thrasamud. Persécutions contre les catholiques. Hildéric, Gélimer.

8ᵉ *Question*. — Guerre contre Justinien, empereur d'Orient. Bélisaire en Afrique; sa brillante campagne. Reddition de Gélimer. Fin de la domination des Vandales en Afrique.

Décroissance de l'influence gréco-byzantine.

Réunion de l'Afrique à l'empire d'Orient. Les gouverneurs d'Afrique. Salomon lutte contre les indigènes de l'Aurès. Avènement d'Héraclius au trône de Constantinople.

9ᵉ *Question*. — Mahomet; son origine ; ses premières années ; son mariage. Commencement de ses prédications. Ses premiers disciples. Sa fuite à Médine. Victoire de Bedr. Combat d'Ohod. Guerre contre les Juifs de Khaïbar. Prise de la Mecque. Mort de Mahomet.

10ᵉ *Question*. — Influence d'Aïcha. Les successeurs de Mahomet ; About-Bekr, Omar, Otmane, Ali. Guerre civile. Amrou en Egypte. Hassane. Moaouïa; Expédition d'Okbà ben Nafa en Afrique. Fondation de Kairouan. Prosélytisme d'Okba. Soulèvement des Berbères ; Kosseïla ; mort d'Okba.

11ᵉ *Question*. — Les Omeïades. Siège de Constantinople. Luttes intestines. Défaite et mort de Hosseïne, fils d'Ali. Révolte des villes saintes. La Mecque au pouvoir d'Abdallah ben Zobeïr. Massacre des Omeïades. Merouane. Expédition des Arabes en Afrique sous le commandement de Hassane ben Naamane. Prise et destruction de Carthage; soulèvement des Berbères. La Kahena. Défaite de Hassane à Meskiana. Nouvelle expédition de Hassane ben Naamane, gouverneur d'Egypte en Afrique.

Défaite de la Kahena à Bayhai ; sa mort.

12ᵉ *Question*. — Moussa ben Nasseur en Afrique; conquête de tout le Maghreb ; conversion des Berbères. Débarquement des Berbères en Espagne sous la conduite de Tarik; leurs rapides conquêtes ; Tarick et Moussa ben Nasseur en Espagne et en France. Disgrâce de ce dernier. Causes de l'implantation de la domination arabe.

Les Abbassides; El Mansour; Haroun er Rachid. Dynastie des Edrissites; fondation de Fez. Les Aghlabites à Kairouan. Les Fatimites; Obeïk-Allah. Fondation de Mehedia. Renversement des Aghlabites et des Edrissites.

13ᵉ *Question*. — Les Almoravides. Expédition de Joussef ben Tachefine en Espagne. Ses victoires. Les Almohades ; Abdel-Moumen. Averroès. Les Mérinites. Guerres et alliance des Mérinites avec les Maures de Grenade.

Prise de Constantinople par les Turcs. Chute de Grenade. Expulsion des Maures d'Espagne. Histoire des Hafsides à Tunis. Les Zianites à Tlemcen.

14e *Question*. — Situation de l'Afrique septentrionale à la prise de Grenade. Origine de la piraterie. Entreprises des Espagnols sur la côte de l'Afrique septentrionale au commencement du xvie siècle. Le cardinal Ximénès ; le comte de Navarre. Prise de Mersel-Kébir, d'Oran, de Bougie. Soumission spontanée d'Alger aux Espagnols. Construction du Peñon d'Alger. Prise de Tripoli. Revers et défaites de Pierre de Navrrre à Djerba et aux îles Kerkenna.

15e *Question*. — Les Barberousses. Leur origine ; aventures d'Aroudj ; ses rapports avec le roi de Tunis ; ses prises ; son insuccès devant Bougie. Le cheikh Ben el Cadi. Retraite sur Djidjelli ; Alger ; Selim el Toumi Aroudj se rend à l'appel des Algériens ; il tue Selim et usurpe la royauté. Expédition de Francesco de Vero contre Alger ; sa défaite. Expédition d'Aroudj contre Tlemcen. Prise de la ville. Cruauté d'Aroudj .Reprise de la ville à l'aide des Espagnols. Prise de Kalad. Défaite des Turcs. Mort d'Aroudj.

16e *Question*. — Kheïr ed Dine succède à Aroudj. Son habileté vis-à-vis des habitants d'Alger. Expédition espagnole commandée par Hugo de Moncade ; causes de son insuccès. Les bagnes d'Alger. Massacre des captifs chrétiens. Ambassade d'Hadj Hasseïne à Constantinople. Le sultan Selim accepte la suzeraineté de la régence. Révolte d'Ahmed ben el Cadi. Répression d'un complot ourdi par les habitants d'Alger contre Barberousse. Kheïr ed Dine abandonne Alger et reprend son métier de corsaire ; son retour à Alger. Défaite de Ben el Cadi. Prise et destruction du Peñon. Martin de Vargas. Défaite d'une flottille espagnole commandée par Portondo, près des Baléares. Préparatifs de Kheïr ed Dine pour attaquer Cadix ; sa flotte est détruite à Cherchell par les flottes espagnoles et française réunies.

Nouveau massacre des captifs chétiens. Kheïr ed Dine s'assure l'amitié de François Ier ; il se rend à Constantinople ; il est nommé capitan-pacha. Il fait rentrer Tunis sous l'autorité du sultan.

17e *Question*. — Moulay-Hassane et son frère Er Rachid. Expédition de Charles-Quint contre Tunis. Siège et prise de la Goulette et de Tunis. Défaite des Turc ; Kheïr ed Dine s'enfuit à Bône. Charles-Quint replace Moulay-Hassane sur le trône. Intervention des esclaves chrétiens pendant le siège. Prise de Mahon. Hassane Agha à Alger. Alliance de François Ier avec le sultan de Constantinople. La flotte turque sous les ordres de Kheïr ed Dine en Italie. Dragut.

18e *Question*. — Grande expédition de Charles-Quint contre Alger. Le fort l'Empereur ; causes de l'insuccès et du désastre

éprouvés par Charles-Quint ; il bat en retraite sur Matifou ; il se
réfugie à Baugie et gagne enfin Carthagène avec les débris de son
armée.

Kheïr ed Dine Barberousse en Provence ; son insolence ; excès
de ses soldats ; son départ pour Constantinople. Pillages et bri-
gandages qu'il commet sur les côtes d'Italie au cours de ce voyage.
Mort de Kheïr ed Dine.

19ᵉ *Question*. — Hassane Agha. Hassane Pacha. Intervention
dans les affaires de Tlemcen. Réunion définitive de cette ville à
la régence. Dragut s'empare de Mehedia. Siège et prise de Mehedia par les Espagnols sous la conduite de Don Juan de Vega et
d'André Doria.

Dragut et André Doria. Sinane Pacha. Tentative des Turcs sur
Malte. Tripoli enlevé aux chevaliers de Malte. Expédition espagnole contre Tripoli et Djerba : insuccès.

Salah Raïs ; soumission de Touggourt et d'Ouargla. Révolte du
cheikh Abd el Aziz. Politique de Salah Raïs opposant des troupes
indigènes aux indigènes. Expédition de Fez ; Salah Raïs rétablit
Bou Hassoun, qui se reconnaît tributaire.

Prise de Bougie sur les Espagnols. Mort de Salah Raïs.

20ᵉ *Question*. — Expédition d'Oran. Hassane Corso. Dissensions
intestines ; Kardoghli Jahia. Hassane, fils de Kheïr ed Dine, revient
comme pacha d'Alger.

Défaite des Espagnols à Mostaganem. Mort d'Alcaudette. Prise
de Mazagran. Le cheikh Abd el Aziz inflige plusieurs échecs aux
Turcs. Investissement d'Oran. Révolte des janissaires. Insuccès
d'Hassane Pacha devant Mers-el-Kébir. Les Espagnols reprennent
le peñon de Velez.

Expédition des Turcs contre Malte. Jean de la Valette. Prise du
fort Saint-Elme. Mort de Dragut. Hassan Pacha à Malte. Défaite
des Turcs.

21ᵉ *Question*. — Ali el Euldj, pacha d'Alger. Edit de Philippe II
contre les musulmans d'Espagne ; leur révolte. Don Juan d'Autriche. Les Maures intransigeants d'Espagne se réfugient dans la
régence. Prise de Tunis par Ali el Euldj. Expédition de Selim II
contre l'île de Chypre. Premier succès de l'expédition. Bataille
novale de Lépante où les Turcs sont taillés en pièces. Courage et
habileté d'Ali el Euldj, pacha d'Alger, pendant la bataille. Don
Juan d'Autriche reprend Tunis. Ali el Euldj est nommé capitan-
pacha ; il dirige une expédition qui fait rentrer Tunis et la Goulette sous l'autorité du sultan.

22ᵉ *Question*. — Organisation politique et administrative de la
régence sous les premiers pachas. Rapports des Turcs de Constantinople avec ceux d'Alger et de ceux-ci avec les indigènes. Les
différentes races qui composaient la population de la régence ;
leurs rapports entre elles. Perception des impôts. Les janissaires.
Les corsaires ; la course ; les esclaves chrétiens ; les bagnes et le

rachat des captifs ; rôle des consuls européens ; les prises et leur emploi. Origine des établissements français sur la côte d'Afrique. Le Bastion de France. La Calle ; le cap Roux et le cap Nègre ; leurs vicissitudes ; rapports avec les indigènes. Négociations pour un traité de paix. Relations de Marseille avec Alger.

23e *Question*. — Expéditions françaises contre Alger sous Louis XIV. Expédition du duc de Beaufort contre Djidjelli ; insuccès. Les hostilités sur mer continuent pendant cinq ans. Succès du duc de Beaufort à la Goulette. Nos consuls à Alger. Expédition commandée par Duquesne ; les galiotes ; bombardement d'Alger ; le Père Levacher ; deuxième bombardement par Duquesne. Baba Hassane Pacha. Muzzo-Morto. Martyre du Père Levacher. Bombardement d'Alger par d'Estrées. Ambassade à Paris. Traité de paix.

24e *Question*. — Anarchie gouvernementale à Alger. Les pachas, les aghas, les deys. Les principaux deys d'Alger. Hadj Châbane, Kara ben Ali, Mostafa Bakhtach, Dely Ibrahim. Guerre avec le Maroc et avec Tunis. Soulèvement des indigènes ; prise de Tunis. Expéditions espagnoles. Le comte de Montemar. Expédition de O'Reilly ; son insuccès ; paix honteuse imposée à l'Espagne. Evacuation définitive d'Oran par les Espagnols. Démonstration stérile de la flotte danoise devant Alger en 1770.

25e *Question*. — Rapports des puissances européennes avec la régence à la fin du XVIIIe siècle. Attitude de la régence envers la France pendant la République, le Consulat et l'Empire. Mission du capitaine Boutin dans les Etats barbaresques. Politique anglaise à Alger. Conférence de Vienne. Expédition de lord Exmouth. Les deys Omar Pacha, Ali Khodja, Hosseïne. Rapports avec la France depuis 1816. Griefs de la France contre la régence. Réclamation injuste d'Hosseïne-Dey au sujet de l'affaire Bakri. Insulte au consul de France. Propositions de paix faites par la France. Déclaration de guerre. Blocus d'Alger.

2e SÉRIE.

HISTOIRE DE L'ALGÉRIE DE 1830 A NOS JOURS.

1re *Question*. — Précis des événements qui, dans la régence, précédèrent et motivèrent l'expédition française de 1830. Le dernier dey d'Alger. L'odjak. Négociations au sujet de la redevance à payer pour les concessions d'Afrique. Affaire Durand-Bakri. Insulte à notre consul ; demande de réparation. Longanimité de la France à l'égard d'Hosseïne-Dey. Outrage au pavillon parlementaire. Le blocus. Destruction des établissements français. L'expédition est décidée. Discussion diplomatique avec l'Angleterre. Proposition de Mehemet-Ali.

2e *Question*. — L'expédition. Le comte de Bourmont ; le vice-amiral Duperré. Composition de l'armée et de la flotte. Débarquement ; les premiers coups de fusil. Une tempête menace de détruire la flotte. Dispositions du général en chef. Bataille de Staouëli. Bataille de Sidi-Khalef. Marche sur le fort l'Empereur. Exactitude des renseignements et de la carte Boutin. Rapports du général en chef avec le chef de l'escadre. Prise du fort l'Empereur. Siège d'Alger. Capitulation de la ville ; principales clauses de la capitulation.

3ᵉ *Question*. — Occupation d'Alger par les troupes françaises. Soumission du bey de Titery. Expédition inutile sur Blida. Expulsion des Turcs. Occupation de Mers-el-Kébir. Expédition de Bône. Révolution de juillet en France. Rappel des garnisons d'Oran et de Bône. Rapports de Bône avec Constantine. Défection du bey de Titery. Le corps des zouaves. Arrivée du général Clausel ; départ du maréchal de Bourmont. Première expédition de Médéa. Ben-Amar. Incursions des troupes marocaines sur les territoires de Tlemcen et de Mascara.

4ᵉ *Question*. — Le général Berthezène. Deuxième expédition de Médéa. Occupation d'Oran et de Mers-el-Kébir par les troupes françaises. Le général Boyer. Les Douaïrs et les Zemala. Le duc de Rovigo, général en chef. Prise et occupation de Bône. Le commandant Huder ; Ibrahim-Bey : les capitaines d'Armaudy et Yusuf. Le général Monk-Duzer. Prise et occupation de Bougie. Causes de cette expédition ; le général Trézel.

5ᵉ *Question*. — Intérim du général Voirol. Le général Desmichels à Oran. Abd el Kader ; il prend le titre d'émir et prêche la guerre sainte ; il est défait dans plusieurs combats. Occupation d'Arzeu et de Mostaganem par des troupes françaises. Nouvelles défaites d'Abd el Kader à Aïn-Beïda et à Tamouzat. Premier traité de paix signé avec Abd el Kader.

6ᵉ *Question*. — Le général Drouet d'Erlon, gouverneur général. Création des spahis. Développement de l'influence et de la puissance d'Abd el Kader. Ses guerres contre les tribus. Entrée triomphale à Médéah. Le général Trézel à Oran. Causes du renouvellement des hostilités contre Abd el Kader. Aaffaire de la Macta. Le maréchal Clausel, gouverneur général. Occupation et prise de Mascara ; retour de la colonne ; occupation de l'île Rachgoun. Expédition de Tlemcen ; occupation de la ville ; retour à Oran. Excursion du général Perrégaux dans la vallée du Chélif ; combat de la Tafna. Le général Bugeaud prend le commandement de la division d'Oran. Combat de la Sikak.

7ᵒ *Question*. — Yusuf, bey de Constantine. Occupation de la Calle. Première expédition de Constantine ; son insuccès ; la retraite sur Bône ; péripéties de la retraite. Changarnier. Causes de l'insuccès de l'expédition. Le général Damrémont, gouverneur général. Reconnaissance sur Blida et Coléa ; poursuite des Hadjoutes. Le général Bugeaud dans la division d'Oran en 1837. Traité de la Tafna.

8e *Question*. — Deuxième expédition de Constantine. Etablissement de camps échelonnés sur la route de Constantine. Attaque du camp de Medjaz-Ammar par le bey El Hadj Ahmed. Investissement de la ville de Constantine ; mort du général Damrémont. Assaut et prise de la ville. Le général Valée. Le lieutenant-colonel de Lamoricière.

9e *Question*. — Organisation de la province de Constantine par le général Valée. Les grands commandements indigènes. Occupation de Djidjelli et de Djemila. Expédition de Sétif ; passage des Portes de fer ; le duc d'Orléans ; Abd el Kader et Tedjini. Siège et prise d'Ain-Madhi. Excursion d'Abd el Kader dans la Kabilie, ses opérations dans le Titery. Inobservation du traité de la Tafna. Reprise des hostilités par Abd el Kader. Combat de la Chiffa et de l'Oued-el-Aleng. Déclaration de guerre adressée par Abd el Kader au gouverneur général. Combats de Blida et de la Chiffa.

10e *Question*. — Plan de campagne du général Valée. Intelligences d'Abd el Kader avec le Maroc. Ses places fortes ; ses lieutenants. Activité d'Abd el Kader. Expédition de Médéa. Le duc d'Orléans et le duc d'Aumale. Combat d'El-Afroum. Diversion sur Cherchell. Passage du col de Mouzaïa. Occupation de Médéa. Occupation de Miliana. Opérations dans la province de Constantine. Le khalifa de la Medjana. Opérations dans la province d'Oran. Défaites infligées à Bou Hamedi. Ravitaillement de Médéa et de Miliana. Bons résultats de la campagne.

11e *Question*. — Le général Bugeaud, gouverneur général ; son expédition dans la province d'Oran. Destruction de Takédent ; occupation de Mascara ; destruction de Saïda. Le lieutenant-colonel Yusuf ; combats de la plaine d'Eghris et de Takmaret. Prise et occupation de Tlemcen. Différents combats livrés par le général de Lamoricière. Soumission de l'Ouest et de la province d'Oran. Expédition dans l'Ouarsenis commandée par le général Bugeaud. Le duc d'Aumale dans la province de Titery. Défaite de Ben-Allal, prise de la zemala d'Abd el Kader.

12e *Question*. — Abd el Kader se retire au Maroc. Etablissement du camp de Lalla-Marmia. Violation du territoire par les troupes marocaines. Le général de Lamoricière leur inflige une défaite. Le gouverneur général se met à la tête d'une colonne. Entrevue du général Bugeaud avec le commandant des troupes marocaines. Le général Bugeaud est perfidement attaqué ; défaite des Marocains. Prise d'Oudja. Bombardement de Tanger et de Mogador ; le prince de Joinville. Bataille d'Isly. Convention de Tanger.

13e *Question*. — Intrigues d'Abd el Kader. Insurrection du Dahra ; le chérif Bou-Maaza. Expédition du commandant Géry dans le sud de la province d'Oran ; prise de possession des ksours de Stiten et de Brizina. Tentative d'insurrection des Beni-Menacer. Exécution du chérif Mohammed ben Ahmed. Affaire du marabout de Sidi-Brahim. Réapparition d'Abd el Kader. L'insurrection se

généralise. Défaite de Bou-Maaza près de Ténès. Abd el Kader dans le sud de la province de Titery. Vaine tentative pour faire accepter la guerre sainte aux Kabyles. Abd el Kader chez les Oulad Naïl ; sa défaite. Expédition commandée par le duc d'Aumale dans l'Ouarsenis. Soumission des Oulad Naïl. Soumission du Dahra. Reconnaissance et création du poste d'Aumale. Massacre des prisonniers de la Daïra. Abd el Kader est rejeté dans le Maroc.

14ᵉ *Question*. — Soumission de Ben Salem. Reddition de Bou Maaza. Expédition de Kabylie sous le commandement du maréchal Bugeaud ; le marabout Moulay Mohammed. Soumission des Beni Abbas. Guerre d'Abd el Kader contre les Marocains. Cerné par les armées marocaines et par l'armée du général de Lamoricière, il fait sa soumission. Le duc d'Aumale à Sidi-Brahim.

15ᵉ *Question*. — Soumission du chérif Moulay Mohammed et de l'ex-bey de Constantine. Le faux Bou Maaza ; sa défaite ; sa mort. Le chérif Bou Ziane ; colonne des Ziban ; échec devant Zaatcha ; combat de Seriana ; siège et prise de Zaatcha ; mort de Bou Ziane. Le chérif Bou Barla ; expédition de Kabylie sous les ordres du général de Saint-Arnaud ; défaite de Bou Barla ; nombreux combats ; résistance des Kabyles ; prise de la kaala des Beni Abbas ; soumission de la Petite-Kabylie ; pacification des cercles de Collo et de Djidjelli ; combats dans la région de Dra-el-Mizan ; soumission des Guechtoula et des Flissa.

16ᵉ *Question*. — Bou Barla commence les hostilités dès le mois de janvier 1852 ; une colonne commandée par le général Bosquet part de Sétif ; défaite de Bou Barla chez les Beni Oulis ; colonne de la neige ; mort de Bou Barla. Le chérif d'Ouargla, Mohammed ben Abd Allah ; une colonne est dirigée contre lui ; défection des Larbaa ; défaite du chérif à Metlili ; défaite des Oulad Sassi. Tentative infructueuse du chérif pour s'emparer de Laghouat ; il se retire dans le Djebel-Amour. Laghouat se livre au chérif. Expédition de Laghouat [sous le commandement du général Pélissier ; prise de la ville. Défaite infligée aux Larbaa et Oulad Naïal dissidents par Si Hamza, kalifa des Oulad Sidi Cheikh. Le marabout d'Aïn-Madhi. Résultats de l'expédition de Laghouat.

17ᵉ *Question*. — Concentration des troupes de la division d'Alger vers la Kabylie ; son objet. Expédition dirigée sur les tribus de Collo et de Djidjelli. Soumission des tribus des environs de Collo ; soulèvement des tribus de Guelma et d'Aïn-Beïda. Insurrection des Beni Salah et des Hanencha. Opérations dans le cercle de Guelma ; soumission des Harakta. Punition des Hanencha et des Beni Salah. Expédition des Babor ; résultats de cette expédition.

18ᵉ *Question*. — Défaite infligée au chérif Mohammed ben Abd Allah par Si Hamza ; prise d'Ouargla. Alliance du chérif avec le cheikh de Touggourt ; colonnes mobiles dans le Sud ;

combat de Meggarine ; prise de Touggourt. Expédition de Kabylie sous les ordres du gouverneur général Randon ; le bach agha du Sebaou ; prise d'Agherib ; combat aux Beni Hosseïne ; occupation du sebt des beni bou Jahia ; prise de Taourirt ; soumission des Beni Menguellat et des Beni Raten ; combats chez les Beni Idjer ; soumission de toute la vallée du Sebaou ; dislocation des colonnes.

19ᵉ *Question.* — En 1856, opérations dans les Babor. Opérations contre les tribus kabyles de Tizi-Ouzou ; insurrection des tribus de Dra-el-Mizan. En 1857, répression de l'insurrection et conquête définitive de la Kabylie par une armée commandée par les généraux Renault et Yusuf, sous les ordres du maréchal Randon ; combat d'Icheriden ; prise de Mezien et d'Aït-Aziz par les troupes d'observation de l'oued Sahel. Construction de la route de Tizi-Ouzou à l'arba des Beni Raten. Création de Fort-Napoléon (depuis Fort-National) ; soumission des Beni-Fraoussen, des Beni Raten, des Beni Yenni et de toutes les tribus de la Grande-Kabylie. Organisation de la Kabylie.

20ᵉ *Question.* — Nos rapports avec les tribus marocaines. Expédition contre les Beni Zenassen en 1852 ; soumission des Hamyane. Expédition contre le Maroc en 1859 ; ses causes ; le camp de l'oued Kiss ; le choléra. Combat d'Aïn-Taforalt ; prise du village de Tagma ; contribution de guerre imposée aux vaincus.

21ᵉ *Question.* — Insurrection de 1864 ; ses causes ; massacre du colonel Beauprêtre. Marche du général Martineau sur Géryville ; combats contre les insurgés. Défection des Oulad Chaïb de Chellala. Colonne de la Croix ; combats de Teniet-et-Rib et de l'Oued-Dermel. Colonnes Liébert et Archinard. Combat d'Aïn-Malakoff ; colonne du général Yusuf dans le sud de la province d'Alger et dans le Djebel-Amour. Colonne Deligny. Réduction des Oulad Sidi Cheikh.

22ᵉ *Question.* — Aperçu rapide des différents systèmes de politique et d'occupation suivis en Algérie de 1848 à 1870. Organisation administrative. — Assemblées délibérantes. Colonisation. Le sénatus-consulte ; la propriété indigène ; religion et mœurs des indigènes ; les confréries religieuses ; les Khouan.

23ᵉ *Question.* — Insurrection de 1871 ; ses causes ; proclamation de la République. Le décret Crémieux ; le régime civil. Le bach agha. El Mokrani. Rébellion des spahis des zemalas de Souk-Ahras et de Moudjebeur ; Mahi ed Dine, fils d'Abd el Kader, siège de Bordj-bou-Arréridj. Le cheikh El Haddad ; Bou Meziag ; siège du bordj des Beni Mansour ; colonnes Bonvalet, Augeraud, Saussier ; Ben ali Chérif. Le général Lapasset. Siège de Bougie. Sièges de Dra-el-Mizan. Dellys. Fort-National. Palestro. Opérations dans la subdivision d'Aumale. Mort d'El Mokrani. Le général Cérez ; le lieutenant-colonel Trumelet ; le général Lallemand; Bou Mezrag. Siège de Tizi-Ouzou. Bougie, etc. Reddition du cheikh li El Haddad. Le chérif Bou Choucha; il est vaincu et fait prisonnier. Arrestation de Ben Mezrag. Fin de l'insurrection; les différentes peines prononcées contre les insurgés.

24e Question. — Colonne d'El-Amri, Insurrection de l'Aurès en 1879. Insurrection du Sud-Oranais. Bou Amama. Affaire du shott Tigri. Le général de Négrier chez les Oulad Sidi Cheikh. Extension de notre occupation dans le Sud. Démonstration militaire au Mzab et annexion de la confédération.

Expédition de Tunisie. Expédition de Khroumirie; ses causes, sa durée; traité de Ksar-Saïd. Expédition du sud de la Tunisie, le bey Mohammed Sadok. Protectorat de la France. Occupation. Organisation politique et administrative de la Tunisie.

25e Question. — Organisation politique et administrative actuelle de l'Algérie; le territoire militaire et le territoire civil; leur organisation respective. Différentes races qui peuplent l'Algérie. La colonisation. Rapports avec les indigènes. Populations européennes et indigènes. Situation politique de l'empire du Maroc, ses relations avec la France et les autres puissances européennes. La frontière franco-marocaine. Le Sahara occidental. Les différentes missions dans le Sahara.

4° Histoire de France.

1re SÉRIE.

DE 1559 A 1879.

1re Question. — François II. Le XVIe siècle. Les enfants de Henri II. Catherine de Médicis. Marie Stuart. Les prétendants au pouvoir. La réforme. Martin Luther. Calvin. Les huguenots; mécontentement de la noblesse; conjuration d'Amboise. Le chancelier de l'Hospital. Préparatifs de guerre civile. Arrestation de Condé. Mort de François II.

2e Question. — Charles IX. Régence de Catherine de Médicis. Les Etats d'Orléans; mesures de l'Hospital; ordonnance d'Orléans; édits de juillet. Etats de Pontoise. Colloque de Poissy. Edit de janvier favorable aux calvinistes. Massacre de Vassy. Première guerre civile. Montluc et des Adrets. Siège de Rouen. Bataille de Dreux. Mort du duc de Guise. Paix et édit d'Amboise. Reprise du Havre sur les Anglais.

3e Question. — Philippe II et la cour de Catherine de Médicis. Conférence de Bayonne; ordonnance de Moulins. Deuxième guerre civile; bataille de Saint-Denis. Paix de Longjumeau. Disgrâce de l'Hospital. Troisième guerre civile; bataille de Jarnac, mort de Condé. Coligny. Bataille de Moncontour. Paix de Saint-

Germain. La Saint-Barthélemy. Quatrième guerre civile; paix de la Rochelle. Mort de Charles IX.

4e *Question.* — Henri III. Les politiques. Cinquième guerre civile. Combat de Dormans; le Balafré; paix de Monsieur. La Sainte-Ligue. Prétentions des Guises. Premiers Etats de Blois. Sixième guerre civile; traité de Bergerac; la cour d'Henri III. Septième guerre civile; paix de Fleix. Expédition du duc d'Anjou aux Pays-Bas. Henri de Navarre. Guerre des trois Henri; bataille de Coutras. Journée des Barricades. Seconds Etats de Blois. Assassinat du duc de Guise. Assassinat de Henri III.

5e *Question.* — Henri IV. Ses premiers embarras. Division de la France. Campagne de Henri IV en Normandie; bataille d'Arques. Surprise tentée sur Paris; rivalités dans le parti de la Ligue; bataille d'Ivry; siège de Paris; intervention des Espagnols; intervention des Anglais et des Allemands; prise de Chartres; siège de Rouen; combats d'Aumale et d'Yvetot. Les seize exécutions ordonnées par les seize Etats généraux de la Ligue; prétentions de Philippe II. La *Satire Ménippée.*

6e *Question.* — Conversion de Henri IV. Son entrée à Paris. Soumission des Ligueurs; guerre avec l'Espagne; combat de Fontaine-Française. Assemblée des notables à Rouen. Surprise d'Amiens; soumission des Mercœur. Edit de Nantes. Traité de Vervins. Acquisition de la Bresse et du Bugey. Réorganisation de la France par Henri IV et Sully. Programme politique du roi. Les arts et les lettres sous Henri IV. Popularité du roi. Différentes conspirations dirigées contre lui; son assassinat.

7e *Question.* — Louis XIII. Régence de Marie de Médicis. Abandon de la politique de Henri IV. Concini. Première révolte des seigneurs. Etats généraux de 1614. Nouvelle révolte des seigneurs. Traité de Loudun. Premier ministère de Richelieu; arrestation de Condé. Mort de Concini. Gouvernement d'Albert de Luynes. Nouvelles prises d'armes; guerre avec les protestants; mort d'Albert de Luynes. Ministère de Richelieu; ses projets; ses premières opérations. Nouvelle guerre contre les protestants; siège et prise de la Rochelle. Edit d'Alais.

8e *Question.* — Abaissement des grands seigneurs. Chalais. Journée des Dupes; exécution de Montmorency; le comte de Soissons; Cinq-Mars. Amélioration de l'administration intérieure. Réorganisation de la marine. Lutte contre la maison d'Autriche. Guerre de la Valteline. Guerre de la succession de Mantoue. Guerre de Trente ans. Première partie de la période française, alliances et forces de la France; victoires du duc de Saxe, d'Harcourt, de Guébriant, de Sourdis. Mort de Richelieu. Institution de l'Académie. Mort de Louis XIII.

9e *Question.* — Louis XIV. Régence d'Anne d'Autriche. Mazarin; cabale des Importants. Victoires de Condé à Rocroi, Fribourg, Nordlingen et Lens; traité de Westphalie. Aperçu sur le gouvernement de la France en 1648 ; le Parlement. Journée des Barricades ; Mathieu Molé ; le coadjuteur de Retz. Paix de Saint-Germain. Guerre de la Fronde ; arrestation de Condé, exil de Mazarin.

10ᵉ *Question*. — Révolte de Condé, combat de Bléneau. Turenne ; combat du faubourg Saint-Antoine. Retour de Mazarin. Victoires de Turenne à Arras et aux Dunes. Alliance de la France avec Cromwell. Traité des Pyrénées. Ligue du Rhin. Administration intérieure de Mazarin. Mort de Mazarin.

11ᵉ *Question*. — Louis XIV gouverne par lui-même ; ses idées sur le gouvernement ; les ministres de Louis XIV, Colbert. Réorganisation des finances ; agriculture, industrie, commerce, commerce maritime, marine militaire. Louvois, Vauban, réforme de l'armée ; de Lionne ; Séguier.

12ᵉ *Question*. — Etat de l'Europe en 1661. Premiers actes de la politique étrangère de Louis XIV. Guerre de Flandre, droit de dévolution ; traité d'Aix-la-Chapelle, guerre de Hollande, alliances de la France ; invasion de la Hollande, passage du Rhin. Première coalition contre la France, campagne de 1673 ; prise de Maëstricht. Conquête de la Franche-Comté.

13ᵉ *Question*. — Turenne dans le Palatinat et en Alsace. Dernière campagne de Turenne et de Condé. Retraite de Condé à Chantilly. Campagne de 1676, victoires navales ; Duquesne, d'Estrées. Campagne de 1677, Créqui et Luxembourg ; bataille de Cassel ; défection de l'Angleterre. Traité de Nimègue ; pacification générale.

14ᵉ *Question*. — Apogée de la grandeur de Louis XIV. Conquêtes en pleine paix, Strasbourg, Cassel. Bombardement d'Alger et de Gênes. Ligue d'Augsbourg. Etat intérieur de la France ; la centralisation. Mort de Colbert. Révocation de l'édit de Nantes.

15ᵉ *Question*. — Révolution d'Angleterre. Guerre de la ligue d'Ausbourg. Tentative pour rétablir Jacques II. Tourville. Guerre défensive sur le Rhin. Incendie du Palatinat. Guerre en Savoie et en Piémont. Guerre dans les Pays-Bas et le Luxembourg. Traité de Ryswick.

16ᵉ *Question*. — Guerre de la succession d'Espagne. Ligue de la Haye : Marlborough, le prince Eugène, Heinsius. Premières campagnes en Allemagne, en Italie et dans les Pays-Bas. Villeroy ; défaite de Chiari ; surprise de Crémone. Succès des armes françaises à Luzzara, Friedlingen, Hochstedt et Spire, perte de l'Allemagne. Batailles de Ramillies et de Turin, perte de l'Italie et des Pays-Bas. Revers en Espagne. Succès de Villars sur le Rhin. Batailles de Malplaquet et de Villaviciosa.

17ᵉ *Question*. — Guerre de la succession d'Espagne (suite). Défection de l'Angleterre. Bataille de Denain. Expéditions maritimes. Duguay-Trouin ; nos corsaires, Jean Bart, Forbin, Cassard.

Succès de Villars sur le Rhin. Traités d'Utrech, de Rastadt et de Bâle. Clauses de ces traités encore en vigueur en 1896. Morts nombreuses dans la famille royale. Mort de Louis XIV.

18e *Question*. — Gouvernement de Louis XIV. Affermissement de la monarchie absolue. Suppression des Etats généraux, des Etats provinciaux et des mairies électives, soumission du Parlement, soumission de la noblesse. Le Tiers-Etat, le clergé. Les protestants. L'armée permanente. Symptômes d'un esprit nouveau.

19e *Question*. — Lé siècle de Louis XIV. Caractère littéraire du XVIIe siècle. Les prosateurs : Balzac, Voltaire, Bourdaloue, Massillon, Bossuet, Fénelon, etc. Les poètes : Corneille, Racine, Molière, la Fontaine, Boileau, etc. Les philosophes : Descartes, Pascal, etc. Les arts : sculpture, gravure, peinture, architecture.

20e *Question*. — Louis XV. Régence du duc d'Orléans. Etat de la France à la mort de Louis XIV. Alliance avec l'Angleterre. Guerre avec l'Espagne. Dubois, Law, révolution financière. Ebranlement des mœurs et des idées. Peste de Marseille. Mort de Dubois et du duc d'Orléans.

21e *Question*. — Louis XV, de 1723 à 1748. Ministère du duc de Bourbon. Mariage de Louis XV. Alliance de l'Espagne et de l'Autriche. Ministère de Fleury. Affaires intérieures. Les convulsionnaires. Affaires étrangères. Réconcilation avec l'Espagne. Guerre de la succession de Pologne, traité de Vienne. Guerre de la succession d'Autriche ; alliance avec Frédéric II. Mort de Fleury. Bataille de Dettingen. Défection de la Bavière. Le maréchal de Saxe, bataille de Fontenoy. Seconde défection de la Prusse, revers en Italie. Victoires de Raucoux et de Lawfeld. Opérations navales. La France aux Indes. La Bourdonnais. Dupleix. Traité d'Aix-la-Chapelle.

22e *Question*. — Louis XV depuis le traité d'Aix-la-Chapelle. Prospérité commerciale après le traité d'Aix-la-Chapelle. Causes d'une nouvelle guerre. Guerre de Sept ans. Conquête de Minorque. La guerre contre le roi de Prusse. Difficile position de Frédéric II. Les généraux Richelieu et Soubise. Défaite de Rosbach. Défaite de Crevelt. Succès et revers en Westphalie ; d'Assas. Revers sur mer. Revers aux colonies. Traité de Paris.

23e *Question*. — Décadence politique et militaire de la France. Ministère de Choiseul. Suppression de l'ordre des Jésuites. Acquisition de la Lorraine et de la Corse. Efforts de Choiseul pour relever la marine. Disgrâce de Choiseul. Suppression des Parlements. Partage de la Pologne. Mort de Louis XV. Abaissement de la France sous Louis XV. Agitation des esprits. Les philosophes : Voltaire, Montesquieu, Rousseau. Pouvoir croissant de l'opinion publique.

24e *Question*. — Louis XVI, de 1774 à 1783. Louis XVI, Malesherbes et Turgot, tentatives de réformes ; opposition des privilégiés, faiblesse du roi ; Necker ; réforme financière. Guerre d'Amérique, la Fayette, Rochambeau. Combats sur mer; succès du comte de Grasse et du bailli de Suffren. Batailles des Saintes ; siège de Gibraltar, Traité de Versailles.

25e *Question*. — Progrès des sciences. Les navigateurs. Découverte des aérostats. Les francs-maçons. Ministère de Calonne. Ministère de Brienne. Second ministère de Necker. Convocation des Etats généraux. Situation de la France en 1789.

2e SÉRIE.

DE 1789 A 1830.

1re *Question*. — L'Assemblée constituante. Situation intérieure de la France au moment de la convocation des Etats généraux. Les élections. Mirabeau. Demandes des cahiers, ouverture des Etats généraux. Assemblée nationale constituante. Serment du Jeu de paume. Fusion des trois ordres. Prise de la Bastille. La garde nationale, la cocarde tricolore. Abolition des privilèges.

2e *Question*. — Déclaration des Droits de l'homme. Journées des 5 et 6 octobre. Retour du roi à Paris. Les excès populaires. L'émigration. Travaux de l'Assemblée, réformes politiques et civiles ; création des départements, les biens nationaux, les assignats. Réformes financières. La Fédération. Les clubs : jacobins, cordeliers, etc. Mort de Mirabeau. Constitution civile du clergé. Fuite du roi. Affaire du Champ-de-Mars. Constitution de 1791. Clôture de la Constituante.

3e *Question*. — L'Assemblée législative. Mesures contre les prêtres non assermentés et les émigrés. Déclaration aux puissances. Ministère girondin. Déclaration de guerre ; premiers revers ; Dumouriez. Journée du 20 juin. Manifeste de Brunswick. Journée du 10 août. Massacres de septembre. Prise de Longwy, victoire de Valmy, défense de Lille, victoire de Jemmapes.

4e *Question*. — La Convention. Convention nationale. Mort de Louis XVI. Première coalition. Dangers extrêmes ; mesures révolutionnaires. La Terreur. Proscription des girondins. Soulèvement dans les provinces. Energie des mesures de défense. Permanence de la guillotine. Exécution des hébertistes et des dantonistes. Le 9 thermidor. Abolition des lois révolutionnaires.

5e *Question*. — Glorieuse campagne de 1793. Perte de Condé, Valenciennes et Mayence. Les Vendéens.

6e *Question*. — Campagne d'été de 1794. Fleurus. Campagne d'hiver de 1794 à 1795. Conquête des Pays-Bas. Invasion de l'Espagne. Paix avec la Prusse et l'Espagne. Désastre de Quiberon. Revers sur mer ; le *Vengeur*. Constitution de l'an III. Journée du 13 vendémiaire. Résumé des principales créations de la Convention.

7e *Question*. — Le Directoire. Situation de la République à la fin de 1795. Napoléon Bonaparte. Campagne de Bonaparte en Italie. Retraite de Moreau. Dernières victoires de Bonaparte en Italie. Préliminaires de Léoben. Anarchie intérieure. Progrès des royalistes. Le 18 fructidor. Mort de Hoche. Traité de Campo-Formio.

8e *Question*. — Expédition d'Egypte. Seconde coalition. Revers en Italie et en Allemagne. Victoires de Brune à Bergen et de Masséna à Zurich. Journée du 18 brumaire.

9e *Question*. — Le Consulat. Constitution de l'an VIII. Conseil d'Etat; tribunat; corps législatif; Sénat, réorgrnisation administrive. Efforts pour réconcilier et éteindre les partis.

10e *Question*. — Victoire de Marengo ; Hohenlinden, paix de Lunéville. Continuation des hostilités avec l'Angleterre. Perte de l'Egypte. Paix d'Amiens.

11e *Question*. — Glorieuse administration de Bonaparte. Le Concordat. La machine infernale. Le Consulat à vie. Politique extérieure du Premier Consul. Médiation en Suisse. Intervention en Allemagne. Expédition de Saint-Domingue. Rupture de la paix d'Amiens. Complot de Cadoudal et de Pichegru. Mort du duc d'Enghien.

12e *Question*. — Napoléon 1er. Proclamation de l'Empire. Sénatus-consulte de l'an VII. Couronnement de Napoléon. Légion d'honneur. Napoléon roi d'Italie. Camp de Boulogne. Campagne de 1805 ; capitulation d'Ulm. Trafalgar. Bataille d'Austerlitz, traité de Presbourg.

13e *Question*. — Confédération du Rhin. Royautés vassales ; grands fiefs militaires, nouvelle noblesse. Campagne de Prusse. Iéna et Auerstaedt. Le blocus continental.

14e *Question*. — Guerre contre la Russie. Eylau. Friedland ; paix de Tilsit. Apogée de la grandeur de Napoléon. Le Code civil. L'Université. Industrie et commerce. Lettres et arts.

15e *Question*. — Royaumes feudataires. Conquête du Portugal. Armements maritimes. Rupture avec le pape. Invasion de l'Espagne. Guerre contre l'Autriche. Batailles d'Abensberg et d'Eckmühl ; Essling et Wagram, paix de Vienne.

16e *Question*. — Mariage de Napoléon avec Marie-Louise. Evénements en Espagne. Flessingue. Naissance du roi de Rome. Etat de l'Europe et de la France en 1810.

17e *Question*. — Rupture entre la Russie et la France. Campagne de Russie ; bataille de la Moskova ; entrée à Moscou ; retraite de l'armée française, passage de la Bérésina.

18e *Question*. — Campagne d'Allemagne. Coalition contre la France ; victoires de Lutzen, de Bautzen et de Dresde ; bataille de Leipzig ; continuation de la retraite. Nombreuses garnisons laissées dans les places fortes d'Allemagne.

19ᵉ *Question*. — Campagne de France. Champaubert, Montmirail, Château-Thierry, Montereau. Marche des coalisés sur Paris ; faible défense de la ville, capitulation de Paris. Abdication de Napoléon ; Talleyrand. Avènement de Louis XVIII. Départ de Napoléon pour l'île d'Elbe.

20ᵉ *Question*. — La première Restauration. Louis XVIII. Charte constitutionnelle. Fautes de Louis XVIII. Retour de l'île d'Elbe. Marche triomphale de Napoléon à travers la France. Les Cent-Jours. Waterloo. Seconde abdication de Napoléon. Sainte-Hélène. Retour de Louis XVIII. Traités de 1815.

21ᵉ *Question*. — Seconde Restauration. Louis XVIII. Occupation militaire du territoire français. Réaction royaliste. Massacres dans le Midi ; exécutions militaires ; Labédoyère ; le maréchal Ney, etc. La Chambre introuvable. Chambre modérée. Loi sur le recrutement de l'armée. Ministère du duc de Richelieu. Congrès d'Aix-la-Chapelle.

22ᵉ *Question*. — Ministère du duc de Decazes. Assassinat du duc de Berry. Nouvelle réaction royaliste. Loi du double vote. Naissance du duc de Bordeaux. Ministère de Villèle. Triomphe du parti ultraroyaliste. Les sociétés secrètes.

23ᵉ *Question*. — Expédition d'Espagne ; ses causes ; prise du Trocadéro ; capitulation de Cadix ; résultats de cette guerre. Paul-Louis Courier. Béranger. La Chambre retrouvée. Mort de Louis XVIII.

24ᵉ *Question*. — Charles X. Indemnités aux émigrés. Lois impopulaires. Le sacre. Le général Foy. Le droit d'aînesse. Les associations religieuses. Loi sur la presse. Licenciement de la garde nationale. Ministère de Martignac. Intervention européenne en Grèce ; bataille de Navarin ; expédition de Morée.

25ᵉ *Question*. — Ministère de Polignac. Expédition d'Algérie, prise d'Alger. Les ordonnances. Les journées de juillet ; prise du Louvre et des Tuileries. Abdication de Charles X ; son embarquement à Cherbourg.

3ᵉ SÉRIE.

DE 1830 JUSQU'A NOS JOURS.

1ʳᵉ *Question*. — Résultats généraux de la Restauration en France. Éclat des lettres et des sciences. Avènement de Louis-Philippe Iᵉʳ. Ministère Laffite. Ministère Casimir-Périer.

2ᵉ *Question*. — Intervention en Italie ; occupation d'Ancône. Émeutes continuelles en France ; insurrection à Lyon ; complots à Paris. Le choléra de 1832 ; mort de Casimir-Périer.

3ᵉ *Question*. — Ministère du 11 octobre. Insurrection des 5 et

6 juin. Indépendance de la Belgique; siège et prise d'Anvers.
Arrestation de la duchesse de Berry. La quadruple alliance.
Attentats contre le roi. Politique extérieure. Traité de Kutaych,
donnant la Syrie au pacha d'Egypte.

4e *Question.* — Lutte contre la cour et le Parlement. Ministère
Molé. Démonstrations au Mexique. Bombardement de Saint-Jean-
d'Ulloa. Evacuation d'Ancône. Mariage du duc d'Orléans. Ministère du maréchal Soult.

5e *Question.* — Ministère de M. Thiers. La question d'Orient.
Internement du prince Louis-Napoléon au fort de Ham. Ministère
Guizot. Traité de Londres; affaire des détroits; attitude du gou-
vernement vis-à-vis de l'Angleterre.

6e *Question.* — République de 1848. Causes qui amenèrent la
révolution de 1848. Journées des 23 et 24 février. Le gouvernement provisoire; Lamartine. Difficultés de la situation. Le suffrage
universel. Abolition de la peine de mort en matière politique.

7e *Question.* — Assemblée nationale constituante. Guerre civile;
dictature du général Cavaignac; répression de l'insurrection;
constitution républicaine.

8e *Question.* — Présidence de Louis-Napoléon Bonaparte. L'Assemblée législative. Coup d'Etat du 2 décembre. Dissolution de
l'Assemblée. Présidence décennale.

9e *Question.* — Rétablissement de l'Empire. Constitution de
1852. Napoléon III empereur; son mariage. Alliance de la France
et de l'Angleterre contre la Russie.

10e *Question.* — Expédition de Crimée; bataille de l'Alma; siège
de Sébastopol; congrès de Paris. Attentats contre Napoléon; loi
de sûreté générale.

11e *Question.* — Guerre d'Italie; ses causes, son objet; batailles
de Magenta et de Solférino; paix de Villafranca. Unité italienne.

12e *Question.* — Retour de la Savoie et du comté de Nice à la
France. Traité de commerce avec l'Angleterre; liberté commer-
ciale. Amnistie. Changements à la constitution. Expéditions de
Syrie; de Chine; de Cochinchine; leurs résultats.

13e *Question.* — Expédition du Mexique. Guerre de la Prusse et
de l'Italie contre l'Autriche; bataille de Sadowa. Cession de la
Vénétie; médiation de la France.

14e *Question.* — Guerre de 1870. Ambition de la Prusse. Décla-
ration de guerre. Batailles de Wissembourg, de Reischoffen, de
Forbach. Combats de Borny, de Gravelotte, de Saint-Privat.
Désastre de Sedan. Chute de l'Empire.

15e *Question.* — Gouvernement de la défense nationale. Bombardement de Strasbourg. Capitulation de Metz.

16e *Question.* — Belfort. L'armée de la Loire; bataille de
Coulmiers; combats sous Orléans; reprise d'Orléans par les Prussiens. Retraite de l'armée de la Loire. Le général Chanzy.

17e *Question*. — Siège de Paris; bataille de Champigny; bombardement de Paris. Combat de Bapaume. Combats de Villersexel et d'Héricourt; retraite de l'armée de l'Est en Suisse.

18e *Question*. — Capitulation de Paris; préliminaires de la paix. Perte de l'Alsace et de la Lorraine. Traité de Versailles. Nouvelles limites de la France.

19e *Question*. — La guerre civile. La Commune de Paris; les Communards et les Versaillais. Incendie des principaux édifices de Paris; massacre des otages. Triomphe du gouvernement de Versailles; répression de l'insurrection.

20e *Question*. — Troisième République. Payement anticipé de l'indemnité de guerre; évacuation complète du territoire français par les Prussiens. Service militaire obligatoire. Constitution de 1875.

21e *Question*. — Expéditions de Tunisie, du Tonkin, du Dahomey. Campagne du Soudan. Madagascar.

22e *Question*. — Europe contemporaine. Le royaume d'Italie. Son unité; son gouvernement. Le Saint-Siège; les lois italiennes de garanties. Le Danemark et l'Allemagne; le Schleswig et le Holstein.

23e *Question*. — La Prusse et l'Autriche. Guerre d'Allemagne (1866). Cession de la Vénétie. Traité de Prague. Dissolution de la Confédération germanique; Confédération du Nord. Empire d'Allemagne.

24e *Question*. — Constitution actuelle de l'Autriche-Hongrie; de la Russie; de la Serbie; de la Roumanie; de la Bulgarie; de la Grèce; de la Suède; de la Turquie; de la Hollande; de l'Espagne et de l'Angleterre.

25e *Question*. — Expansion coloniale de la France et des puissances européennes.

5° Arithmétique et géométrie pratique.

————

1re SÉRIE.

ARITHMÉTIQUE.

1re *Question*. — Définition du nombre; grandeur; unité. Nombres entiers; nombres décimaux; nombres fractionnaires. Numération des nombres entiers. Numération des nombres décimaux. Nombres décimaux. Fractions décimales. Principes relatifs à la numération des nombres entiers et des nombres décimaux.

2e *Question*. — Addition et soustraction des nombres entiers et des nombres décimaux. Preuves de l'addition et de la soustraction.

3e *Question*. — Multiplication des nombres entiers et des nombres décimaux. Définition ; facteurs ; produits ; table de Pythagore. Preuve de la multiplication par la multiplication ; par la division ; par 9. Principes sur la multiplication.

4e *Question.* — Division des nombres entiers. Définition. Preuve de la division par la multiplication ; par 9. Principes relatifs à la division.

5e *Question.* — Division des nombres décimaux. Division d'un nombre décimal par un nombre entier ; d'un nombre entier par un nombre décimal ; d'un nombre décimal par un nombre décimal.

6e *Question.* — Notions sur les nombres complexes ; opérations sur les nombres complexes.

7e *Question.* — Carré et racine carrée. Composition du carré d'un nombre de deux ou plusieurs chiffres. Extraction de la racine carrée d'un nombre entier ; d'un nombre décimal ; d'une fraction décimale à 0,1, à 0,01, à 0,001 près.

8e *Question.* — Cube et racine cubique. Composition du cube d'un nombre de deux ou plusieurs chiffres. Extraction de la racine cubique d'un nombre entier ; d'un nombre décimal.

9° *Question.* — Système métrique. Historique de l'établissement du système métrique. Détermination du mètre. Les unités de mesure. Multiples et sous-multiples.

10e *Question.* — Système métrique. Mesures de longueur. Le mètre. Multiples et sous-multiples. Dénomination des unités de longueur. Conversion des unités de longueur. Mesures itinéraires. Lieue métrique, terrestre, marine, mille marin, nœud. Anciennes mesures de longueur.

11e *Question.* — Système métrique. Mesures de surface. Le mètre carré ; multiples et sous-multiples. Numération centésimale des surfaces. Conversion des unités de surface. Mesures topographiques. Mesures agraires. Conversion des mesures agraires. Anciennes mesures de surface.

12e *Question.* — Système métrique. Mesures de volume, le mètre cube, multiples et sous-multiples. Numération millésimale de volume. Conversion en unités de volume. Le stère.

13° *Question.* — Système métrique. Mesures de capacité. Le litre ; rapport avec le mètre cube. Multiples, sous-multiples. Mesures réelles de capacité pour les liquides et les matières sèches.

14e *Question.* — Système métrique. Mesures de poids. Le gramme. Rapport avec le mètre cube. Multiples et sous-multiples. Poids réel. Le quintal, la tonne. Les balances. Densité des corps. Anciennes mesures de poids.

15e *Question.* — Système métrique. Monnaies ; le franc ; unités secondaires. Monnaies d'or ; d'argent ; de bronze. Titre légal des monnaies françaises ; poids. Tolérance de poids. Tolérance de titre. Anciennes monnaies; monnaies étrangères. Relation entre les différentes mesures du système métrique.

16e *Question.* — Fractions ordinaires. Propriétés générales des fractions. Nombres fractionnaires ; comparaison des fractions. Principes relatifs aux fractions. Réduction d'un nombre entier en fractions. Extraction des entiers.

17e *Question.* — Divisibilité des nombres. Simplification des fractions. Réduction de deux ou plusieurs fractions au même dénominateur.

18e *Question.* — Addition et soustraction des fractions ordinaires. Multiplication des fractions ordinaires. Multiplication d'une fraction par un nombre entier, d'un entier par une fraction. Multiplication d'une fraction par une fraction, multiplication des nombres fractionnaires.

19e *Question.* — Division des fractions ordinaires. Division d'une fraction par un nombre entier. Division d'un nombre entier par une fraction. Division d'une fraction par une fraction. Division des nombres fractionnaires.

20e *Question.* — Conversion des fractions décimales en fractions ordinaires. Conversion des fractions ordinaires en fractions décimales. Fractions périodiques simples. Fractions périodiques continues. Fractions périodiques mixtes.

21e *Question.* — Rapports et proportions. Principes généraux. Rapport par différence, rapport par quotient. Proportion par différence, proportion par quotient. Moyenne proportionnelle, quantités directement et inversement proportionnelles.

22e *Question.* — Règle de trois. De la réduction à l'unité. Règle de trois simple et inverse. Règle de trois composée.

23e *Question.* — Intérêts simples, intérêts composés. Capital, intérêts, taux. Escompte en dedans, escompte en dehors. Définitions et méthodes à suivre pour résoudre ces questions.

24e *Question.* — Echéance moyenne, gains et pertes de tant pour cent, remises. Rentes sur l'Etat, obligations, actions. Définitions et méthodes à suivre pour résoudre ces questions.

25e *Question.* — Moyennes. Règles de société, partages proportionnels. Répartition de l'impôt. Mélanges ; échanges ; alliages. Définitions et méthodes à suivre pour résoudre ces questions.

2e SÉRIE.

NOTIONS DE GÉOMÉTRIE PRATIQUE. — LEVÉ, ARPENTAGE ET TOPOGRAPHIE.

1re *Question.* — Définitions, point, ligne, plan, dimensions, surface, volume, figures égales, figures planes. Axiomes.

2e *Question.* — Des lignes : lignes droite, brisée, courbe, perpendiculaires, obliques, parallèles, verticales, horizontales.

3e *Question*. — Des angles : angles droit, aigu, obtus, adjacents, complémentaires, opposés par le sommet. Bissectrice.

4e *Question*. — Des triangles : angles, côtés, sommet, périmètre. Triangles équilatéral, isocèle, rectangle, hauteur médiane.

5e *Question*. — Des quadrilatères : trapèze, parallélogramme, losange, rectangle, carré, base, hauteur, diagonale.

6e *Question*. — Circonférence et cercle. Rayon, diamètre, arc, corde, flèche, sécante, tangente, secteur, segment, angle au centre, angle inscrit, division de la circonférence, mesure des angles, rapporteur.

7e *Question*. — Polygones réguliers et polygones irréguliers. Polygones inscrits, polygones circonscrits. Rapport de la circonférence au diamètre.

8e *Question*. — Des aires, aire d'un rectangle, d'un parallélogramme, d'un triangle.

9e *Question*. — Des aires, aire d'un trapèze, d'un polygone quelconque, d'un polygone régulier, d'un cercle.

10e *Question*. — Constructions graphiques : instruments, tracé des perpendiculaires. Division d'une droite en deux ou plusieurs parties égales. Tracé des angles.

11e *Question*. — Constructions graphiques : tracé des parallèles au moyen de de la règle ou du compas, au moyen du rapporteur, au moyen de l'équerre.

12e *Question*. — Constructions graphiques : construction des angles, tacé des tangentes.

13e *Question*. — Figures semblables : triangles semblables ; construction de triangles semblables.

14e *Question*. — Figures semblables : polygones semblables ; construction de polygones semblables.

15e *Question*. — Levé des plans : échelles. Levé au mètre. Usage des jalons ; chaîne d'arpenteur ; ruban-décamètre ; fiches ; chaînage des lignes.

16e *Question*. — Levé des plans : levé à l'équerre, équerre d'arpenteur. Usage de l'équerre, tracé des perpendiculaires sur le terrain. Construction sur le papier.

17e *Question*. — Levé au graphomètre. Notions sommaires.

18e *Question*. — Levé à la planchette. Notions sommaires.

19e *Question*. — Arpentage ; trouver la surface d'un triangle, d'un polygone ; d'un terrain limité par une courbe irrégulière ; d'un terrain à l'intérieur duquel on ne peut pénétrer.

20e *Question*. — Nivellement, objet, plan de comparaison des cotes. Instruments, niveau de maçon, niveau à bulle d'air, niveau d'eau, mire à coulisse.

21e *Question*. — Nivellement : nivellement à une seule station, nivellement à plusieurs stations. Courbes de niveau. Plans cotés.

22e *Question.* — Plan d'une maison; plan, coupe transversale, coupe longitudinale, façade principale, façade latérale, profil.

23e *Question.* — Topographie; cartes, échelles, emploi de l'échelle; signes conventionnels, courbes, hachures, teintes conventionnelles.

24e *Question.* — Notions sur les solides : prisme, parallélipipède, cube, pyramide, tronc de pyramide, calcul de leur surface et de leur volume.

25e *Question.* — Notions sur les solides : cylindre, cône, tronc de cône, sphère, calcul de leur surface et de leur volume.

3e SÉRIE.

APPLICATION ET PROBLÈMES D'ARITHMÉTIQUE.

Exercices et problèmes correspondant aux groupes de questions suivantes du programme d'arithmétique (première série).

1re, 2e, 3e, 4e, 5e et 6e *Questions.* — Exercices et problèmes sur les quatre opérations (nombres entiers et nombres décimaux), isolées ou combinées, et les nombres complexes.

7e et 8e *Questions.* — Exercices et problèmes sur la racine carrée et la racine cubique.

9e, 10e, 11e, 12e, 13e, 14e et 15e *Questions.* — Exercices et problèmes sur le système métrique.

16e, 17e, 18e, 19e et 20e *Questions.* — Exercices et problèmes sur les fractions ordinaires.

21e, 22e, 23e, 24e et 25e *Questions.* — Exercices et problèmes sur les rapports et proportions, les règles de trois, les intérêts simples et composés, l'escompte, la rente, les actions et les obligations, les sociétés, les mélanges et les alliages.